AF230591

48
2) 31

(Par le marquis de La Gervaisais.)

LES SCRUPULES

D'UN ÉLECTEUR.

Qui n'est, ne fut, ne sera rien,
Reste homme de sens et de bien.

PARIS,

ADRIEN ÉGRON, IMPRIMEUR-LIBRAIRE,

RUE DES NOYERS, N.° 37.

1824.

TABLE.

AVANT-PROPOS.

———

C'ÉTAIT l'homme, l'homme unique; lui seul pouvait sauver la France et garantir l'Europe : pendant six ans, on n'eut que cette pensée, que ce sentiment plutôt.

Combien il a fallu de coups, l'un sur l'autre pressés, pour ébranler la conviction du cœur ! Et pendant quel long temps l'esprit ne s'est-il pas défendu, révolté même contre les raisons dont il était assailli !

Qu'on se trompe maintenant, ou qu'on se soit trompé jadis, c'est un problème qu'il n'est pas donné de résoudre, bien que la résistance, poussée jusqu'à l'extrême, semble militer fortement en faveur de l'opinion actuelle.

De même, il est difficile de s'assurer si les desseins contre lesquels on s'élève, dérivent d'une conception erronée, ou d'une intention blâmable; tant il est vrai que l'ivresse du pouvoir est sujette à tourner les plus fortes têtes, et que les fumées de l'orgueil et de l'ambition sont capables d'aveugler jusqu'aux âmes les plus loyales.

On attendait encore, on hésitait presque, lorsque tout à coup l'indignation s'alluma dans toute la France, au premier souffle des bruits les plus alarmans.

Que les opinions se soient altérées et divisées depuis; les causes en sont connues. Mais il n'y a point de temps qui compte, point d'influence qui pèse : les consciences ne bougent.

Il faut regretter amèrement de n'avoir pu arracher à leur fatal silence, à leurs mornes secrets, les plus puissantes plumes : on n'écrit qu'en désespoir de cause.

Pas une ligne n'est tombée sur le papier, de 1790 à 1814 : sous les bourreaux de France et d'Europe, l'encre se figeait aux doigts, plutôt que de rouler à leurs pieds.

Cependant le talent ne surgit point à commande, et le métier ne s'acquiert que par l'usage; l'urgence, d'ailleurs, ne souffrait ni pause, ni relâche.

Ainsi l'œuvre est à peine dégrossie, maint chapitre n'est pas terminé, rien que des lacunes servent de transitions; ainsi le style est obscur et inégal, l'ordre et la méthode manquent, et les incohérences, les répétitions fourmillent.

Que la critique s'exerce à son plaisir : elle n'apprendra rien, elle n'affectera jamais.

Du reste, on est en plein repos; le naïf penser de la loyauté porte un tel cachet, que le soupçon même est incapable d'y attenter.

Mais lorsqu'une sainte colère a rompu les digues de

l'habitude, qui dira si le torrent indomté ne doit pas s'égarer dans sa furie ?

Il faut le reconnaître, l'expression est âpre, et le sarcasme amer : l'intention est fouillée au secret des cœurs, est mise à nu et exposée en scène.

Serait-ce un tort ? Sans doute, tout esprit est passible d'erreur, et nulle action, quelque coupable qu'elle paraisse, ne porte son arrêt final. Que Dieu en prononce : le cas lui est réservé.

Pour nous, faibles mortels, les égards envers l'homme, entraînent des épargnes obligées sur la vérité. Et comment isoler l'esprit de la pensée, la pensée de la conduite ? Comment appliquer le fer du blâme aux effets sensibles, sans atteindre du même coup les motifs cachés ? C'est de force absolue que l'acte est identifié avec l'auteur, qu'il est comme personnifié sous son nom.

Qu'est-ce que le temps ? Rien qu'un vaste problème. Chaque équation qui ressort du moment actuel, n'attend sa pleine solution que de l'avenir ; et quand la prévision s'essaie à la devancer, il lui faut procéder par les voies approximatives : or, si l'induction n'est tirée que des choses, comme elles sont multiples et diverses, sa chance est bien faible ; lorsqu'au contraire, on scrute l'intention même de l'homme, comme l'être est simple et semblable, le calcul devient presque certain. L'arbre est-il connu, le fruit l'est aussitôt.

Une image serait-elle permise? Certain joueur soupçonnait depuis long-temps son adversaire. Il hasarde son va-tout : il l'a perdu. Furieux, il se recueille, saisit un couteau, et quand la main s'avance pour enlever les dés, il la perce, la cloue sur la table. « Messieurs, s'écrie-t-il à l'instant, si les dés ne sont pas pipés, j'ai tort..... » Ils l'étaient.

LES SCRUPULES

LES SCRUPULES

D'UN ÉLECTEUR.

Parlez, ma conscience.

Chacun a sa conscience, peut-être ; mais il est rare qu'on cause, qu'on se lie avec elle, qu'on en fasse un ami : ses conseils rebuteut. Un flatteur convient mieux : le monde est ainsi fait ; laissons-le aller, et ne soyons pas de même.

Or, moi, simple électeur, je me dis : Qu'est-ce donc ? Notre Roi nous a octroyé la Charte, de sa pleine et libre autorité ; et la Charte ainsi émanée d'en haut, m'a conféré le droit de nommer des députés loyaux et capables.

Jusqu'à cette heure, la tâche était facile : il n'y avait qu'à s'enquérir des hommes, et point à discuter les questions politiques, chose assez mal appropriée, en effet, à notre position isolée.

Mais voilà qu'une mesure capitale se trouve annoncée et affichée, proclamée et professée jusque sur les premières marches du trône ; et il arrive que les candidats, tous royalistes, et naguère amis, se divisent dans leur opinion à son égard.

Dûment et officiellement instruit que je suis, et peut-être moins imbécille ou apathique qu'il n'eût été désiré, je ne veux ni ne peux prétendre cause d'ignorance ; de sorte qu'en dépit de la Charte, au mépris de mes devoirs, il me faut déjà écouter, observer, balancer, réfléchir et me résoudre tôt ou tard, d'un bord ou de l'autre.

Il ne s'agit plus de tel ou tel homme, mais de telle ou telle loi : l'acte d'élire s'exerce dans une sphère plus étendue et presque illimitée. Quand mon mandataire, mon truchement se voit appelé pour prononcer dans le débat, comme c'est moi qui lui donne titre et pouvoir, c'est moi-même qui, par son organe, accepte ou récuse le projet présenté, en juste raison de mon quantième d'influence électorale.

Et donc parlez, ma conscience ! Vous me direz sans doute de m'éloigner, de m'abstenir des élections, dès-lors qu'une puissance de second ou de troisième ordre, le ministère, juge à propos d'attacher et d'imposer à l'acte d'élire quelque part des fonctions législatives, qui ne m'est nullement conférée par la Charte. C'est votre premier mot : faut-il que je m'y tienne ?

Voyons : la conscience n'exclut pas la raison,

ou plutôt, la raison seule éclaire la conscience. Or, poussons jusqu'au fait : en me mettant de côté, je ne fais qu'enlever un obstacle, qu'aplanir la route à mes adversaires ; mon inaction les sert presqu'autant que les eût servi ma coopération, et peut-être ne fallait-il plus qu'une faible résistance pour les empêcher d'atteindre à leurs fins.

Il faut donc agir, tout en gémissant d'une telle contrainte, tout en renvoyant le blâme et la peine à qui osa l'infliger. Il faut passer, pour le moment, quelques articles de la Charte, afin d'éviter que l'œuvre entière ne soit lacérée et jetée au feu.

Vous êtes d'accord, conscience et raison, et vous allez en donner la preuve. Votre opinion est fixée à l'égard du projet de loi. Il se peut qu'elle soit erronée, tant le cœur et l'esprit de l'homme sont peccables ; mais tout le temps et toutes les forces ont été employés à la méditer ; mais ni l'ambition, ni la prévention, ne se sont ingérées dans la discussion. Vous ne deviez pas moins, et vous ne pouviez plus.

Allez donc en plein repos, à l'abri de tout remords ; allez, et que votre choix tombe sur les sujets qui portent plus de moyens, qui offrent plus de garanties pour combattre et vaincre dans cette mémorable lutte, dans cette lutte finale entre le bon génie et l'esprit malin.

Et cependant, tâchez de faire entendre à ceux

qu'endort l'indifférence, ou qu'égare la pusillani-mité, ces simples paroles : « Si vous n'êtes pas
« pour la loi, décidez-vous contre ; et si vous êtes
« contre, n'agissez pas pour. »

On s'abuse soi-même.

La présomption s'est composée une grammaire toute à son escient. L'indicatif et le subjonctif y manquent en entier. S'adresse-t-elle aux autres, c'est toujours à l'impératif ; se parle-t-elle, ce n'est jamais qu'au futur.

On se dit : Vois, mon esprit, vois ce grand peuple, masse informe, immense, à qui la lumière fut refusée : qui ralliera tant d'élémens épars ? qui les réunira en un corps compact ? qui lui soufflera l'esprit de vie, qui le fera se lever et marcher, et s'arrêter à la voix ? Qui ?... Moi, moi, te dis-je.

On se dit : Le calme plat succède aux tempêtes ; la nation est lasse, et les factions s'amortissent : il n'y a plus de chance pour les libéraux ; il ne faut que des faveurs aux royalistes.

Le système représentatif ne prend pas : les corvées sont pour tous, les bénéfices pour peu ; l'envie et la fatigue le repoussent. Qu'y a-t-il de changé ? la forme, non le fond.

On se dit : Les Français sont toujours frappés des horreurs de la révolution ; il est encore question de l'hydre. Nous évoquerons le fantôme ; nous exalterons la terreur : et qui sait, ils se réfugieront peut-être sous nos ailes.

On se dit : Buonaparte apparut, combattit, triompha : les circonstances sont analogues, et les moyens, quoique d'autre sorte, sont d'égale puissance ; la ruse équivaut à la force : c'est à l'une ou à l'autre qu'échoient tour-à-tour les rênes du gouvernement. Osons donc, osons seulement.

Et cette guerre d'Espagne ! grands dieux ! que de troubles, que de transes elle nous suscita ! Hésiter long temps, se repentir bientôt, et toujours trembler : nous voilà bien ! Il semblait qu'un sort nous eût été jeté ; et pendant les deux éternels mois, où étions-nous ? non pas à Paris, devant Cadix plutôt.... Mais n'importe à cette heure !

Et en effet, puisque les royalistes ont tout oublié, pourquoi la mémoire en serait-elle restée à ceux sur qui elle pesait si péniblement, à ceux qui sont affligés de tant de soucis et accablés de tant d'affaires ?

Telle fut la gloire de nos armes, qu'il en est tombé quelque reflet, une ombre de reflet, jusque sur le ministère ; et c'est si peu qu'il en faut pour éblouir les esprits. Adonc, il va se targuer des succès militaires ; il va s'arroger des mérites étrangers; il va prélever la dîme des triomphes : et vient le moment où passant tout-à-coup du frissonnement de la peur à l'enivrement de l'orgueil, on le voit tout prêt à s'écrier, ainsi que le héros de Saint-Cloud : *Je suis le dieu Mars.*

On se trompe sur les autres.

ON dit aux électeurs : Prenez bien garde, les libéraux vont l'emporter ; courez donc à vos colléges, et ne divisez pas les votes. Que vous soyez pour ou contre nous, nommez toujours nos candidats : c'est le plus sûr.

On dit aux préfets : Faites votre métier, et mieux encore qu'à l'ordinaire ; éconduisez les uns, épouvantez les autres ; surtout n'épargnez pas l'astuce : toutes les voies sont bonnes ; vous pouvez compter sur la récompense.

On dit à ses collègues : Chers et doux amis, le temps mine le crédit, comme la rouille ronge le fer. Un grand péril nous menace ; serrons nos rangs ; soyons unis au combat, et nous partagerons les dépouilles.

Et puis on dira aux électeurs : Allez, bonnes gens, et soyez bénis, parce que vous avez cru ;

retournez dans vos foyers ; il se passera du temps avant que vous soyez rappelés.

On dira aux préfets : Vous avez bien travaillé, et jamais nous ne pourrons reconnaître tant de services..... Entrez donc dans nos douleurs : la main nous est forcée ; il faut gagner tel député, et c'est votre place qu'il exige.

On dira aux ministres : Que voulez-vous ? Mais aussi pourquoi celui-ci est-il si prééminent, celui-là si insignifiant ? et les autres n'ont-ils pas osé raisonner parfois ? Au reste, messieurs, vous plaît-il d'être pairs ou ministres-d'état ? dites votre goût. Vous emportez tous nos regrets.

On dira aux députés : N'étiez-vous pas nos candidats, et nos desseins n'étaient-ils pas assez affichés ? Les électeurs vous ont nommés pourtant : donc ils approuvent le projet de loi ; donc vous allez l'adopter.

C'est d'abord aux électeurs à répondre :

« Que veulent les ministres ? Une Chambre plus
« à nous ? cela ne se peut. Une Chambre plus à
« eux ? c'est cela même. Ils ont dissous l'introu-
« vable ; nous leur enverrons l'impayable.

« On prétend nous faire peur des libéraux. Où
« les voyez-vous, et comptent-ils encore ? A peine
« auront-ils un quart des députés. C'est un mal
« nécessaire, un mal propice : sans eux, qu'en
« serait-il du cabinet actuel ? S'il est ingrat, nous

« ne devons pas l'être. Qui sait si la récompense
« doit se faire attendre long-temps?

« Les libéraux sont gens de l'autre monde,
« mais non pas les ministres : rien n'est à craindre
« que de ce côté. Ils proclament leurs candidats;
« ils pensent à leurs affaires : pensons à la nôtre.
« Et comme l'air de Paris est empesté, comme la
« contagion s'y propage au plus vite, il nous faut
« trier, en fait de consciences, tout ce qu'il y a
« de plus pur, de plus sain, de plus frais. »

Ecoutons maintenant la Chambre.

Sa constitution est quelque peu altérée. Le
ventre se montre très-aminci, presque aplati ;
l'aile gauche est de même envergure, et la droite
ne lui cède nullement. Tant y a que peu de voix,
en se jetant de bord ou d'autre, doivent changer
la majorité.

Les ministres vont-ils demander leur bail de
sept ans ? Nous le supposons sans trop y croire.
La réponse sera laconique.

« Que dites-vous des électeurs? Est-ce donc
« qu'ils peuvent émettre un vœu, conférer un
« mandat? Sont-ils des petits rois par votre-grâce,
« et ne sommes-nous plus que des huissiers por-
« teurs de contraintes? A Dieu ne plaise !

« Confians de vieille date, et troublés par cer-
« taines craintes, les électeurs ont souvent nommé

« vos candidats : peut-être le méritaient-ils par
« eux-mêmes, ou du moins ils vont le mériter.

« L'ancienne Chambre était désintéressée dans
« le débat. Si vous l'avez dissoute, c'est qu'elle
« eût repoussé votre projet ; et si elle le repous-
« sait, c'est qu'il n'était pas dans l'intérêt général ;
« et s'il n'est pas dans l'intérêt général, nous ne
« pouvons l'accepter que pour notre profit per-
« sonnel ; et si nous ne sommes appelés que pour
« l'accepter, renvoyez-nous bien vite à nos pé-
« nates. »

Il n'a plus convenu de jouer les cartes sur table,
et elles se sont brouillées à n'y plus rien connaître.
Après avoir gagné plusieurs parties d'emblée, voilà que la dernière est perdue. Les cartes passent.

Ce qu'il y a de mieux, c'est de parler net.

Que c'est une dure tâche, d'avoir à citer au
tribunal de la rigide raison, l'éloquent écrivain
qui semblait prédestiné aux triomphes de toute
sorte ! Et qu'il est douloureux de rencontrer dans
la lice, sous une armure endossée depuis peu, le
brillant chevalier dont la lance enchantée ne savait plus où chercher des adversaires !

Ils ont été entendus, déplorant une telle fatalité

et gémissant sur ses inévitables suites, les vieux et vrais amis du noble vicomte, ceux-là qui n'estimaient de lui que son génie et son caractère, qui n'espéraient de lui qu'un retour d'amitié et de confiance : non pas délaissés de ses affections, mais séparés par ses occupations, leurs regrets et leurs craintes s'exhalent dans le désert, anticipant tristement sur l'avenir.

On lit dans le pamphlet qui fut attribué à sa plume : « Reste une pensée secrète que nous allons « tirer du fond des cœurs ; car ce qu'il y a de mieux « à faire, c'est de parler net. Nous n'aimons pas, « dit-on, le ministère, et nous ne voulons pas « passer avec lui un bail de sept ans. »

Rayez un mot, s'il vous plaît : pensée secrète, pensée honteuse, cela se touche et ne nous sied pas : dites plutôt, et dites-le haut, pensée avouée et ostensible, pensée mûre et réfléchie, pensée loyale et généreuse.

Oui, nous n'aimons pas le ministère, et ce à cause de ses actes passés, de ses projets actuels, de ses gestes futurs : bientôt les raisons en seront déduites ; et qu'elles soient fondées ou non fondées, ce n'est pas moins un devoir d'agir d'après la conviction qui en résulte.

Oui, nous ne voulons pas passer avec lui un bail de sept ans. Déjà nous nous doutions qu'il n'avait d'autre désir que de prendre la France à bail, et c'était assez pour y répugner, pour y ré-sister de toutes nos forces. Lorsque sa superbe et hautaine parole vient à le déclarer, à le pres-crire même, on ne croira pas que des cœurs fran-cais s'y soumettent davantage.

Mais le grand mot est lâché; il ne tombera pas à terre : « Ce qu'il y a de mieux à faire, c'est de « parler net. » Nous disons de même, car la re-vanche est de droit. Les ministres ont parlé pour nous et ne se sont pas trompés; nous allons parler pour eux, et nous ne nous tromperons pas.

On nous prêche, dans l'intérêt du Roi et de ses peuples : repos, bonheur, gloire, il n'est mention d'autre chose; et notez que c'est tout pour notre compte, car la part des ministres, suivant qu'il est d'usage, ne se prend qu'en soucis, en travaux, en périls.

Est-ce bien cela, et n'y a-t-il que cela? cher-chons. Le problême semble piquant et ne doit pas être insoluble. Un adepte ne peut-il pas être in-discret? quelque profane n'a-t-il pu s'introduire à la célébration des grands mystères? Tout se dit, tout se sait : il n'y a point de secret entre amis.

Certain provincial dont on ne se défiait pas, y fut bien pris. Comme il s'étonnait que le projet n'eût pas été présenté à la Chambre actuelle : «Eh! « d'où venez-vous donc, lui répond un député

« marquant, vous n'êtes guère au fait : il n'y aurait
« pas passé. »

Les ministres ne veulent plus de la Chambre,
parce que la Chambre ne veut plus d'eux : voilà
le parler net.

Et pourquoi donc nous adresser d'amers reproches? Si la Chambre n'en veut pas, si nous
n'en voulons pas, que reste-t-il à vouloir d'eux,
si ce n'est eux-mêmes? Un seul pas nous conduit
ainsi au terme de la route.

Ce n'est qu'un prétexte.

Doit-il rester en ce climat changeant, quelques mémoires vivaces et réfractaires, où se soit
conservé le souvenir du mouvement universel
d'épouvante et de répugnance dont fut saisie la
France, lorsque le bruit des projets de dissolution
et de septennalité se répandit à l'improviste avant
que les phases ostensibles et les sourdes sugges-
tions eussent combiné leurs savantes manœuvres?

« Eh quoi! disait-on de toutes parts, n'avons-
nous pas assez souffert, ne sommes-nous pas assez
las? Combien de fois on nous a promenés de
mieux en mieux, pour nous précipiter de pis en

pis! Triste patrie, te faudra-t-il encore labourer péniblement sous le poids de tant de tracas et de troubles, de tant de discordes et de haines? faudra-t-il qu'au lieu de te bercer mollement aux rians espoirs d'un avenir certain, tu tentes d'assaillir, d'enlever de vive force les remparts dont sont entourées ses promesses? »

Et quelle est la fin qu'on se propose? est-ce une idée d'eutopie, un essai de théorie, une épreuve de perfectionnement? Les ministres sont bien hardis, bien entreprenans! Ils se mettent en péril au lieu de rester au port; ils se chargent d'une corvée terrible, au lieu de prendre du repos; et ce n'est pas faiblesse d'esprit, on ne peut les en accuser : serait-ce grandeur d'âme? nous verrons bientôt.

Non, il ne s'agit nullement d'essayer de gaîté de cœur, de pratiquer comme par expérience l'opération la plus aventureuse, sur le corps vivant de l'Etat : le génie manquait pour une telle invention et le cœur eût failli, il faut le croire, dans son exécution.

Ce n'est point une présomptueuse tentation, mais une impérieuse nécessité qui dicte ces nouveaux conseils. La Chambre allait rentrer et la tribune se rouvrir : comment accomplir tant de promesses, comment justifier tant de fautes? Exposés et suspendus entre deux oppositions véhémentes, naguère on ne savait que balbutier, et maintenant il ne restait qu'à se taire. Sous une telle fatalité, les adversaires s'enflammaient, les amis se glaçaient; partant, tout était perdu, pour le ministère, disons-nous.

Que ne peut-on rétablir la Chambre des muets! c'était merveille : mais en France, il n'y a pas moyen de redonner du vieux. Il faudra chercher autre chose, aussi bien sans doute, et qui sait, peut-être mieux.

On se décide donc à dissoudre cette Chambre retrouvée, cette Chambre inespérée, qui présentait si bien à notre bon Souverain, la sensible et parlante image des vœux d'amour, de respect et de foi dont sont pénétrés tous ses sujets fidèles; et, pour justifier un tel coup, on va simuler quelques prétextes plus ou moins sortables, imaginer quelques subterfuges magiques qui enlèvent les volontés au lieu d'entraîner les opinions.

Chacun connaît, d'après les autres et par soi-même, quelle est cette cervelle humaine, si débile et si fragile, si vaporeuse et si fantastique.

Feignez d'être inspirés, faites descendre comme d'en haut une conception étrange, extravagante même; aussitôt le charme de la nouveauté, de la singularité s'émeut et s'empare des imaginations; on tombe à genoux devant l'idole, et la dévotion

s'exalte d'autant plus que le mystère est plus incompréhensible.

Prêchez avec emphase ce culte nouveau ; ton-
nez contre les rebelles, contre les profanes, et
toute résistance cessera. La honte d'une part, de
l'autre la faiblesse, vous serviront de satellites au
secret des cœurs, tandis que les premiers néo-
phytes, si fervens à vivre de l'autel, exciteront et
soutiendront le mouvement imprimé.

Quelle apparence, diront les esprits faibles,
qu'ils soient assez téméraires pour opérer un tel
changement, pour ordonner une sorte de révolution, s'il y avait le moindre risque et pour nous
et pour eux-mêmes ? Assis et fermes sur leurs siéges comme ils sont, pourraient-ils se hasarder à
les mettre de côté, pour s'accrocher et grimper
jusqu'au faîte de cet échafaudage nouveau ? Non,
ce ne sont pas des aveugles, ce ne sont pas des
imbécilles : il faut les croire, bien que sans y com-
prendre, et leur obéir malgré qu'on y répugne.

Voilà le plan qu'avait conçu la finesse pour
produire quelque illusion ; elle comptait sur le succès, et ne fût-ce que pour deux mois, c'était
assez. Mais les arts les plus profonds, s'ils ne se
trompent pas dans les moyens, se laissent souvent
leurrer par l'espérance.

Il fallait que le motif du projet de loi émanât
d'un principe généreux ou dérivât d'un calcul

personnel ; ses auteurs se dévouaient ou nous sacrifiaient. La question , ainsi posée , est résolue d'abord. Nous ne sommes pas au siècle de l'héroïsme.

Et qu'est-il besoin de pénétrer au secret des cœurs, quand l'évidence sort de la nature des choses? Nul n'en peut douter , l'ambition ministérielle se borne à vivre au jour le jour , à faire de la terre le fossé ; on ne la verra jamais délaisser le certain pour l'incertain, jamais dissoudre une Chambre qui la supporte, à seule fin d'obtenir une Chambre qu'elle subjuguerait.

Rien que le risque flagrant, que la ruine imminente, rien que le fouet mordant de la nécessité, était capable d'inspirer ce hasardeux effort , d'exciter à cette tentative périlleuse. Pendant long-temps tranquilles au timon du vaisseau , ils tenaient les voiles basses pour éviter jusqu'au moindre roulis ; et maintenant que la barre joue entre leurs mains, ils jettent la planche de salut, tremblant encore qu'elle ne puisse les sauver du naufrage.

Le but est manqué.

QUE l'homme s'élève démésurément au-dessus de sa sphère propre et soit lancé dans le vague illimité de l'ambition, aussitôt l'esprit de vertige descend et s'empare de lui ; les plus fortes têtes en subirent le joug, et l'expérience n'excite point à s'en défendre. Le démon vous possède, il pousse, il presse, il précipite jusqu'au fond de l'abîme, d'où nul n'est revenu.

Qu'entendent-ils, qu'attendent-ils ? le bon sens se le demande et ne se répond pas. Nous voyons bien qu'ils ne veulent plus de la Chambre, et il semblerait qu'ils veulent à peu près le retour de la majorité.

Or, si la majorité revient suivant leurs vœux, elle sera identique avec celle qui existait, et comme la majorité est seule à compter, ce sera absolument la même Chambre qui a été congédiée. On aura fait pour défaire, on aura défait pour refaire ; et les choses se retrouveront au même état, de sorte que si la Chambre actuelle n'eût pas adopté les projets, la nouvelle ne les adoptera pas davantage.

En cherchant son salut, on court trop souvent à sa perte. Voyez les députés chevauchant les grandes routes au cœur de l'hiver ; combien de transes, de troubles et de fatigues vont les assaillir ! Il leur faut reprendre les courbettes, recoudre les intrigues, déjouer les complots ennemis : c'est à n'en pas finir. On ignorait apparemment au conseil des ministres, que l'homme se divise justement en deux parties égales, l'ingratitude et la rancune.

Mais peut-être qu'ennuyés de se perdre dans ces calculs, ils n'aspirent purement et simplement qu'à se débarrasser de certains orateurs quelque peu âpres, qui contrecarrent les projets, s'ils ne les font pas avorter, et triomphent au grand jour de la tribune, si ce n'est au secret du cabinet. Quand l'orgueil s'aventure à souffler de tels conseils, que l'ambition se charge de les éconduire : ces gens vous laissent agir, laissez parler ces gens : s'ils n'étaient plus, ce seraient d'autres : il vous tombera toujours une opposition, toujours une opposition véhémente ; au besoin et à défaut, il y a dans votre sein même, et une opposition en germe et des talens en pleine fleur.

Et qu'arriverait-il si les membres dispersés de la majorité ne devaient pas se rencontrer en nombre ou se retrouver les mêmes au prochain rendez-vous ? Bien qu'on semble ne pas s'en douter à Paris, il existe encore des provinces en France, voire même des esprits et des cœurs de province ; et ce sont créatures en qui l'instinct de défiance tient lieu de capacité, ainsi qu'un bâton sert à l'aveugle en place de ses yeux ; créatures qu'une phrase n'enivre pas, qu'une grâce n'entraîne pas, qu'une menace n'épouvante pas.

Il en doit survenir de cette sorte, et il se pourrait que les députés réélus, qui ont frayé avec eux, qui ont respiré l'air natal, soient plus ou moins atteints d'une semblable manie, plus ou moins désireux de remplir leurs devoirs. A Dieu ne plaise, cependant, car c'en serait bientôt fait du ministère.

Mais nous leur accordons tout, la Chambre telle qu'elle est, en ce qui leur plaît, et telle qu'elle n'est pas en ce qui leur déplaît, partant le ventre lâche et ample qui s'épand mollement jusque sur les banquettes de droite et de gauche, et deux moignons d'ailes, presque dénués de plumes, qui s'agitent en vain aux extrémités du désert. C'est leur compte à présent et bientôt ce ne sera plus leur compte.

La session s'ouvre, la tribune les attend ; oseront-ils parler, et que pourront-ils dire ?

« Le projet de loi n'a pas été présenté à l'an-
« cienne Chambre ; elle eût été dissoute ensuite
« et n'en aurait pas profité ; il n'eût donc pas été
« accepté par elle : nous le proposons à la Cham-
« bre actuelle, elle ne peut être dissoute et doit
« en profiter ; il sera donc accepté par elle. »

Voilà le texte obligé de la harangue; et qu'il soit brodé de commentaires adroits, et surchargé des plus brillantes phrases, il restera toujours visible à l'esprit le moins pénétrant.

On ne sait quel ancien disait : « tel projet m'est utile; ma raison pourrait être séduite; je n'écoute rien et je refuse net. »

Sont-ils Français, ces députés anciens et nouveaux? Tout le nœud est là. Français, l'honneur les anime, et la pudeur, la honte au moins, les talonnent de près : il leur est impossible, rien que de poser la question, de la mettre en discussion; on croirait qu'ils hésitent; et comme la femme de César, l'élite des royalistes ne doit être entachée, pas même de soupçon.

Ainsi donc, en intervertissant le cours naturel des choses, en dissolvant la Chambre avant que le projet fût accepté, et en le proposant à une Chambre qui ne peut être dissoute ensuite, les ministres, pour se sauver des difficultés, se sont jetés dans les impossibilités.

Rien ne tient en France.

« Le parlement septennal garantit le retour de l'ordre, et consolide la monarchie à jamais. Sous son empire, les factions se calment, les opinions se rallient, et les lois s'établissent dans une harmonie parfaite. »

De tels conseils s'arrêtent trop bas; qu'ils remontent plutôt jusqu'aux pieds du Créateur. Qu'est-ce donc que le monde? Ces astres magnifiques, le soleil lui-même, voyez à quelles attractions divellentes, à quelles perturbations infinies ils sont soumis dans leur carrière! Cela dure, il est vrai, depuis six mille ans, et tout annonce qu'autant de siècles n'y porteraient pas d'atteinte. Qu'importe! l'idée s'en afflige et s'en tourmente: qu'ils aillent droit, enfin; dussent-ils s'entrechoquer les uns et les autres, et s'abîmer bientôt au gouffre du chaos.

Le mécanisme social allait aussi et pas trop mal depuis trois ans, malgré que le passé n'eût pas légué d'aussi flatteuses espérances, et sans que l'avenir laissât percer aucune apparence de danger. Et c'est pour cela même: améliorons et perfectionnons; dépêchons-nous surtout; puisque tout va bien, tout ira mieux encore.

Conceptions téméraires! L'expérience nous instruit sur ce qui fut; et sur ce qui sera, rien que l'imagination ne nous parle. Un changement s'opère; en adviendra-t-il du bien ou du mal? Nul ne le sait. Dans les événemens contingens, dans des circonstances toutes nouvelles, tant d'élémens discords vont naître, croître et agir, que le bon sens du peuple n'est pas trop en tort d'en désigner l'effet final, sous la rubrique du hasard.

Un seul point reste constant : c'est le fait du changement. Il est opéré, il est passé en pratique ; vous n'êtes plus maîtres de ses conséquences, de ses inévitables suites. L'équilibre a été rompu et la machine mise en branle. Rien qu'un foible doigt suffisait à l'effort ; et d'où descendra la main assez puissante pour amortir le mouvement, pour la rendre au repos ?

Rien ne tient en France, et rien n'y tiendra ; car l'un suit l'autre : tel est le prognostic à tirer de cette fièvre intermittente d'innovations qui la dévore depuis trente ans, et dont un fatal paroxisme se développe en cet instant.

Il faut l'apprendre aux ministres, pour les préparer à la dure leçon que le temps doit leur faire subir : tout changement dans les choses entraîne, à peu de distance, un changement dans les hommes ; trop d'exemples le démontrent.

Or, si la chance remet le gouvernail dans des mains royalistes, tout arrêt, tout retard, leur sont interdits : le flot qui les porta, pousse en avant et les entraîne avec lui ; et quand il en serait autrement, n'y a-t-il plus d'orgueil, d'ambition dans ce monde ? « La route est ouverte : c'était le plus difficile ; comment ne pas faire un pas de plus, rien qu'un seul pas ? Le but n'est-il pas là, tout près de nous; il semble y toucher. Allons, allons, marchons. » Ils marchent aussi, et tant loin, tant vite, qu'ils tombent enfin, et la France avec.

Mais la roue a tourné en sens inverse, et c'est du bord opposé que descendent les nouveaux ministres, au banc qui se trouve vide. Pour lors, que de choses à faire! Cette brèche est à relever; de nouveaux remparts sont à construire; les casemates doivent être mises à l'abri de la bombe : il faut rétablir en entier l'ancien état de choses, et le consolider sur des bases incommutables.

Pense-t-on que leurs arts soient moins profonds, qu'ils manqueront et de raisons plausibles et d'argumens irrésistibles? Croit-on que la vengeance et la défiance leur soient étrangères, et qu'ayant renversé leurs ennemis, la crainte du même destin ne les excitera pas aux dernières extrémités.

Il n'y a point d'objection à leur opposer. L'exemple est donné, l'antécédent est établi : tout est comme licite, comme légitime pour eux. Chaque ministère est maintenant en droit d'explorer et d'exploiter à sa guise le sol tremblant de la France : et quel champ démesuré, illimité, où sont épandus et gisans, tous les jalons de la révolution, tous les débris de la monarchie!

Telle est la triste condition de l'avenir qui nous menace, qu'on serait réduit, presque contraint à

désirer que le cabinet actuel ne dût pas être châ-
tié de ses faits, dans la terreur mortelle que l'Etat
eût encore plus à souffrir après sa chute.

Mais que servent de vains souhaits ? Ce ne fut
pas impunément que Prométhée ravit le feu du
ciel, et ce ne sera point impunément que le ministère, franchissant les marches du trône, et se
voilant des emblêmes de la royauté, aura, de cette
hauteur où il semble se confondre avec son maître, essayé d'attenter à l'œuvre sacrée qui émana
de la toute-bonté, et ne ressort que de la toute-
puissance.

Tout est remis aux risques,

Il a été dit dans un certain journal : « La royauté dissout quelquefois uniquement, parce qu'il lui
importe de prouver qu'elle a droit de dissoudre. »
Ne nous arrêtons qu'aux blasphêmes constitu-
tionnels. Non, la royauté ne dissout pas la Chambre,
pas plus en 1823 qu'en 1816 ; la royauté ne nomme
pas de pairs, pas plus en demi-fournée qu'en
grandes fournées ; qui sait même si elle nomme les
gentils-hommes de la chambre ? et que lui servi-
rait-il ? image vivante de l'Etre Suprême, désirs et

besoins, espoirs et craintes, tout est au-dessous d'elle.

Il n'y a que le ministère en tout et partout : s'il dissout une Chambre, s'il engorge l'autre, c'est à ses risques et périls, comme on l'a vu aux temps passés.

Voilà donc que la Chambre est dissoute, par cela seul qu'il n'y avait pas de motifs pour la dissoudre : et cette planche jetée à travers le vague de l'avenir, d'autres en feront usage ; gardez-vous d'en douter.

Mais vous-mêmes, ministres du moment, s'il advenait quelques motifs réels pour dissoudre la Chambre nouvelle, [que feriez-vous maintenant ? la hardiesse vous manquerait sans doute; de semblables coups d'état ne se répètent pas tous les ans. Et, que devenez-vous avec une Chambre incommutable ? des marionnettes qu'on fait jouer de la coulisse, et qu'on expose à la risée des spectateurs ? Pourriez-vous tenir à ce métier pendant sept ans, et si vous n'y tenez pas, quels sont ceux qui y tiendront, et s'ils ne doivent être ni des vôtres ni des nôtres, où faudra-t-il les prendre ?

C'est alors que vous l'apprendrez : une fois que le pendule politique est mis en action, il subit des oscillations alternatives dans un sens et dans l'autre, dont l'intensité est analogue à la force d'impulsion; et cela jusqu'à ce que le laps de temps le rende peu à peu et le fixe enfin à son aplomb vertical.

Vous marchez fièrement; vous poussez hautement à vos fins : prenez garde de broncher, de bourder seulement. Un regard en arrière vous dirait de quoi se compose votre sequelle, rien que de gens simples, qui vous croient sur parole, et de gens avides qui vous flattent pour leur bénéfice : au moindre échec, au moindre recul, la peur saisit les uns, le regret s'empare des autres; tout fuit et vous restez seuls.

Mais vous comptez dans les rangs royalistes et il n'existe encore en France que deux couleurs tranchantes, sous lesquelles se noient les différentes nuances : votre chute peut entraîner notre défaite.

Voyez quels sont vos remplaçans, et rappelez-vous qu'ils ne sont pas malhabiles : sur cet échafaudage que vous façonnez avec tant d'art, il doit s'élever un édifice qui ne sera pas de votre fabrique.

La Chambre septennale est aussitôt cassée, car ils en ont le droit aussi bien que vous : elle est rappelée sous le même titre et composée d'élémens différens ; on sait assez comment ajouter ou retrancher sur la liste des électeurs, comment effrayer les uns et séduire les autres.

La nouvelle Chambre se réunit. Et que de places à donner, en destituant les titulaires actuels! que de pairies à promettre, avant que le Luxembourg soit comble! ceux-ci sont appâtés par l'espérance, ceux-là s'assoupissent de lassitude : aucun n'est tenté de fomenter une nouvelle crise et le plus grand nombre se berce doucement aux dormeuses de la septennalité.

Pour lors quelle route, quelles fins vont être suivies et atteintes? ils ne biaisent pas, ils ne niaisent pas, ces gens-là : tout sera refondu et reforgé à neuf. Votre période de sept années est là, pour en donner le temps.

Et qui sait, Dieu de la France! peut-être le génie du mal sera-t-il assez osé pour presser les inductions qui dérivent de vos gestes, pour ériger en dogmes les actes que vous vous êtes permis! Il vous a plu d'appeler les électeurs, non plus à juger des personnes, mais encore à discuter sur les choses : leurs fonctions sont devenues doubles, d'abord de se décider pour ou contre votre projet, et puis de choisir des députés qui soutiennent leur opinion.

C'est manifestement un appel au peuple, à la nation électorale du moins, dans lequel le gouvernement ne se réserve et n'exerce que la simple initiative et par suite duquel la Chambre nouvelle ne parlera qu'au nom de ses commettans, ne prononcera que d'après leur mandat spécial.

De là le dogme de la souveraineté du peuple

se voit non pas reconnu en principe, mais appliqué dans la pratique : or, rien n'est plus naturel que de remonter du fait au droit; et de ce droit constaté par le fait, de ces principes émanés de la pratique, nul ne saurait dire où s'arrêteront les conséquences que l'audace et l'astuce pourront en tirer.

Hélas! les comptes rendus, le conseil des notables, le doublement du tiers, tous ces pas entrepris dans le même sens, étaient comme imperceptibles en comparaison de ce pas gigantesque; et cependant la route s'est aussitôt aplanie, élargie, illimitée, pour ne se perdre qu'au dernier des abimes.

<hr>

De quelques argumens.

Dans cette lice, qu'ouvrit une main étrangère, faut-il te rencontrer toujours et jamais n'en trouver d'autre, ô toi, dont le grand renom apparut si à propos pour combler l'immense vide que laissa la retraite de ton noble ami, toi dont le haut talent a semblé capable, à lui seul, de soutenir une entreprise dictée par des motifs secrets, toi dont le renom et le talent, trop inquiétans pour certains esprits, seront repoussés aussitôt que le besoin qui les appela ne se fera plus sentir!

On voit d'abord que l'illustre écrivain n'a présent éque trois argumens principaux; encore sont-ils tous de l'ordre négatif, comme si doutant et tremblant de l'avenir, il s'était refusé à développer, à insinuer seulement quels devaient être les résultats du projet de loi.

Il a dit : « En conservant le renouvellement partiel, il faut ôter à la prérogaive royale le droit de dissolution, car ces deux facultés sont contradictoires..... Le pouvoir de dissoudre dans ce système étant sans raison, ne peut être que rarement exercé, et il s'établira peu à peu une espèce de prescription à son égard.

Il a dit : Y a-t-il même quelque moyen de gouverner avec ces élections interminables, avec cette fièvre qui vous reprend aussitôt qu'elle vous quitte?.... On passe incessamment de la tribune aux colléges, et des colléges à la tribune..... Les autorités sont placées et déplacées, et cela est juste..... Il n'y a qu'une seule affaire, les élections! cela est-il tolérable ?

Il a dit : Le renouvellement intégral est indispensable pour donner à la Chambre la facilité de travailler aux lois dans un esprit de suite et d'unité, pour soustraire cette Chambre aux influences d'une opinion tous les ans agitée en sens contraire, pour permettre à un ministère quelconque de s'occuper des affaires publiques, au lieu de ne songer qu'à s'assurer d'une majorité. »

Il y a une première réponse, une commune réponse, une réponse péremptoire à ces argumens qui n'en font qu'un, et ne paraissent sous trois rubriques différentes qu'à l'aide des artifices oratoires. Et cette réponse, c'est qu'ils sont tous fondés sur une supposition fausse : substituez la réalité à l'abstraction, il n'y a plus de base où les asseoir.

La Charte ordonne le renouvellement par cinquièmes; on s'attache au texte et on conclut que le cinquième des députés est éliminé tous les ans pour faire place à un cinquième nouveau : voilà où gît l'erreur.

Les trois quarts des députés sortans ont toujours été réélus, et la loi actuelle garantit encore leur réélection. Ainsi ce n'est qu'un vingtième de la Chambre qui est renouvelé en effet; ainsi, au lieu d'élections interminables, il ne s'agit en masse que d'une confirmation de pouvoirs; ainsi la fièvre électorale s'éteint à défaut de cause ou n'éprouve que des paroxismes épars.

Ainsi le corps de la Chambre n'est altéré que dans le rapport d'un à vingt; ainsi elle doit être regardée comme identique, en négligeant cette petite fraction; ainsi il peut y avoir raison de la dissoudre, de sorte à n'en pas prescrire le pouvoir, et rien n'oblige à ôter ce droit à la prérogative royale.

Ainsi l'esprit de la Chambre n'est modifié annuellement que par la fusion d'un vingtième, lequel est bientôt absorbé et assimilé à la masse ; ainsi cet esprit prendra de lui-même des habitudes de suite et d'unité et sera soustrait naturellement aux influences de l'opinion, ainsi et enfin, car tout le secret est là, il sera permis et licite à un ministère quelconque de s'occuper des affaires publiques, au lieu de ne songer qu'à s'assurer d'une majorité.

Premier argument.

On va reprendre un à un les argumens qui ont été appréciés en somme.

« Dans le système actuel, le pouvoir de dissoudre étant sans raison, ne peut être que rarement exercé, et finirait par se prescrire.... L'esprit du renouvellement partiel est de placer un principe de dissolution et de renovation dans la Chambre. »

On joint ces deux passages pour les éclaircir mutuellement, et l'énigme n'en est pas moins incompréhensible.

Jusqu'à présent, principe de dissolution et principe de renovation semblaient diamétralement opposés, autant que principe de mort et principe de vie ; mais qu'on les suppose synonymes, au moins dans l'espèce, la renovation, s'opérant par vingtième seulement, ne peut équivaloir à la dissolution qu'au bout de vingt ans.

Il reste un cycle de dix années pendant lequel le pouvoir de dissoudre n'est pas sans raison, attendu que la majorité n'a pu encore être transportée d'un bord à l'autre ; et ce terme s'étendra à vingt ans pour peu que la moitié des élémens nouveaux s'assimile à la masse existante, à quarante ans, si l'opération s'effectue sur les trois quarts.

Quoi qu'il en soit, il n'est pas heureux de mettre en présence le principe de renovation naturelle et l'acte de dissolution violente. La question se trouve ainsi résolue d'emblée et dans un sens tout contraire. Certes, s'il était un mode à conserver, à rétablir, à instituer même, ce serait cette renovation insensible, qui, sans détruire l'unité du corps, sans le dérégler dans ses mouvemens, doit y susciter et y soutenir l'esprit de vie, de manière à épargner à notre royal Maître la douleur de disgracier ses fidèles, et le risque de convoquer des ingrats.

Le pouvoir de dissoudre est sans raison ; et cela

se dit au moment même où il est exercé, cela se dit à seule fin d'en justifier l'exercice : le pouvoir de dissoudre est sans raison ; et voilà qu'il est pratiqué deux fois dans le cours de sept années, par des cabinets différens.

On pourrait croire, en effet, qu'il est sans rai-son, du moins à l'égard des intérêts généraux, s'il fallait s'en rapporter à ces deux expériences : car il n'y fut appliqué qu'à leur déplaisir, qu'à leur détriment ; il s'élèverait même contre son usage quelques superstitions légitimes, en obser-vant que ses coups n'ont jamais porté que sur des Chambres royalistes, comme si la difficulté de les séduire devait exciter à les briser, à les dissoudre.

A qui donc doit-il être si précieux ? A ceux qui s'en sont servis et qui s'en servent encore, aux mi-nistres, en un mot, de quelque couleur qu'ait pu être leur robe : voyez aussi avec quelle ferveur ils professent ce dogme ; voyez de quel scrupule ils sont tourmentés que ce droit ne tombe en dé-suétude.

Mais qu'ils se rassurent. A la rigueur, le droit d'assembler la Chambre pourrait se prescrire en éloignant peu à peu et de plus en plus ses convo-cations ; il suffirait d'une tête puissante et d'une armée soumise, pour que la résistance, éparse et incertaine, s'amortît aussitôt.

Le pouvoir de dissoudre n'est nullement dans

ce cas. Par l'effet même de cet acte, l'éparpille-
ment est opéré dans les rangs des députés, et chacun d'entr'eux se sent perdu dans l'isolement ;
tandis que, d'autre part, les corps électoraux sont
nécessairement empressés à remplir leurs fonctions, sans avoir ni motifs, ni moyens de s'insur-
ger contre la mesure.

Second argument.

« Avec le renouvellement annuel, les autorités
sont placées et déplacées...... Les ministres ne
songent qu'à s'assurer d'une majorité..... Il n'y a
qu'une seule affaire, les élections. »

La phrase est claire, cette fois, trop claire peut-
être, car le jour passe à travers. Les ministres
n'ont qu'une affaire, de s'assurer d'une majorité ;
tous moyens leur sont bons pour y parvenir ; et
les intérêts de la France ne comptent pour rien.

Ce serait folie que de combattre l'intérêt personnel par le sentiment ou par le raisonnement :
l'homme de sens essaie à l'éclairer dans sa marche, plutôt qu'à lui faire rebrousser chemin ; et
s'il n'y peut réussir, comme il y a rivalité perma-
nente entre les divers intérêts, son office se borne
à les ameuter les uns contre les autres, à susciter

et réunir ceux qui sont en droit, ceux qui sont en accord; à se mettre lui-même au premier rang, oubliant et ses penchans et ses habitudes.

Accourez donc, royalistes, et ralliez-vous. Vous entendez la confession : pouvait-elle être plus franche et plus naïve ? Il semble qu'elle soit issue jusque du for intérieur, et qu'elle jaillisse spontanément, sous le coup d'une impulsion secrète.

Il est avoué et reconnu par les ministres qu'ils ne songent qu'à s'assurer d'une majorité, et qu'ils s'évertuent en peines et en troubles pour diriger les élections à cet effet.

Cela est, et cela ne sert ni à eux, ni à nous. La fusion du cinquième, du vingtième des députés, ne peut les mettre en danger, car elle est presque imperceptible; s'ils conçoivent des craintes, c'est par suite de leur caractère, c'est à l'exemple de leurs prédécesseurs. Et quant à nous, il n'y a pas même l'ombre du péril; la loi actuelle garantit une majorité royaliste, au moins des trois quarts; et le calme qui rasseoit, le bonheur qui raffermit, consolident d'autant ces heureux résultats.

Que les ministres se tiennent donc tranquilles. Dans leurs intérêts, ils s'exposent grandement à perdre l'équilibre, en s'agitant sans cesse et sans cause. A l'égard des nôtres, nous doutons fort que leurs vœux et leurs soins doivent les favoriser; il nous inquiète toujours de voir le doigt de l'homme s'ingérer dans le cours naturel des choses.

Mais les paroles sont vaines. On ne sait quel esprit d'effervescence et de perturbation les a saisis, les possède et les pousse çà et là : il ne leur est laissé aucun repos ; l'action s'accélère progressivement, et les prétentions s'agravent indéfiniment.

Le sort en est jeté : ils jouent à quitte ou double, tout ou rien. Que le ciel les préserve, ou plutôt qu'il nous protége ! Le rien, le néant, ce mot seul épouvante ; tout aux risques, donc tout en craintes.

· Et leur fameux projet ne va-t-il pas semer dans nos rangs, et la discorde et la défiance, et les haines et les douleurs ? Ne va-t-il pas frapper les uns d'incertitude, glacer les autres d'indifférence ? On savait déjà qu'il n'y a d'union parmi les royalistes qu'à l'instant de l'enthousiasme, de ferveur qu'à l'imminence du péril, de foi qu'à l'avènement d'un ministère vierge.

Il se pourrait même que certains conscrits, qui s'y tiennent le plus en arrière, et n'y sont enrôlés que par hasard, aillent déserter à l'ennemi, ou du moins prendre la fuite ; et seraient-ils donc si blâmables ? L'ambition des chefs se réfléchit sur la troupe entière : jadis soldats, quelle n'était pas leur candeur, leur loyauté ? S'ils ont tellement changé, tous les autres changeraient aussi ; le parti en masse n'a que son intérêt pour guide.

Cependant la faction libérale se renforce et se ranime et se ragaillardit : tout faux effort donne plus de chances à l'adversaire ; tout écart laisse la route plus libre et plus large.

Ainsi les élections doivent tourner moins bien : au lieu d'être garanties pour l'avenir, elles sont compromises au moment même ; et cela, parce que le ministère n'a songé qu'à s'assurer d'une majorité, parce qu'il n'y a pour lui qu'une seule affaire, les élections.

Troisième argument.

« Le renouvellement intégral est indispensable pour donner à la Chambre la facilité de travailler aux lois dans un esprit de suite et d'unité, pour permettre à un ministère quelconque de s'occuper des affaires publiques. »

L'unité non interrompue de la Chambre vient d'être établie ; quant à la facilité de travailler aux lois, il n'y a pas moyen d'en juger, lorsqu'aucun projet ne lui est soumis, et rien n'annonce que le type de la septennalité doive la rendre plus apte, plus fervente à remplir cette fonction.

Mais les ministres ne peuvent s'occuper des affaires publiques. — Apparemment qu'ils sont absorbés par des affaires particulières ; sans quoi ils ne feraient rien du tout, et ce serait chose dure que leur génie et notre argent fussent ainsi perdus.

Si, si, ils font des destitutions et puis des élections, et puis des majorités. Que de soins et de tourmens ils se donnent à cet effet ! tout leur temps, tous leurs talens y suffisent à peine : il n'y a pas un instant à distraire de la journée, pas un éclair à percer dans l'esprit, pas un scrupule à peser sur la conscience.

Ce ne serait pas pis si la patrie était en danger. Et alors même il y aurait quelque honte, ce semble, à délaisser la méditation des lois, à reculer leur présentation à la tribune. N'a-t on pas vu les misérables de Cadix, et jusqu'à ceux des cent-jours, discuter, délibérer et décider encore, au jour même où la foudre allait les rendre au néant ? C'est dommage que l'exemple parte de si bas, qu'il ne puisse remonter jusqu'au cœur des hommes d'Etat !

Au reste, ils disent du vrai et ne disent pas tout le vrai. Tâchons de creuser plus avant.

La lutte ne cesse entre ceux qui ont et ceux qui n'ont pas. L'audace monte à l'assaut en tête des agresseurs ; et les assiégés, frappés d'épouvante, ne se doutent pas qu'en faisant face à l'eu-

nemi, il serait plus facile de parer ou d'amortir
ses coups.. Les ministres actuels subissent hum-
blement le joug de cette loi naturelle.

Assis sur leurs siéges dorés, nos demi-dieux
s'agitent, et frémissent au moindre trémoussement
des géans de la parole, des Titans nouveaux qui
couronnent les hauteurs de droite et de gauche.
A voir la pâleur de ces fronts naguère si fiers, on
serait tenté de croire que l'Olympe va s'écrouler
en ruines, et que les deux monts sourcilleux doivent s'ébranler, s'avancer, se heurter et l'écraser
entre leurs formidables masses.

Que vouliez-vous qu'ils fissent contre tant?....
On n'achèvera pas. Ce qu'ils font, c'est de se taire.

Au lieu de passer incessamment de la tribune
aux colléges, et des colléges à la tribune, il valait
mieux passer du conseil à la tribune, et de la tribune au conseil : et cela n'est pas. Sans doute
que dans le conseil, maints projets sont conçus
et arrêtés; mais à la tribune, ils sont promis et
jamais fournis, ou présentés et bientôt retirés.

Chose étrange! sauf sur les lois de finances, il
n'y a plus de débats animés, qu'à l'occasion des
pétitions; et chose plus étrange encore, au lieu
des foudres de l'indignation, rien qu'un timide
ordre du jour ne répond aux détracteurs du trône,
aux provocateurs du trouble.

Voilà pourquoi les ministres ne s'occupent pas.

des affaires publiques; voilà comment la Chambre n'a pas la facilité de travailler aux lois.

A ces grands maux il n'y a qu'un seul spécifique, et ce serait de purger la Chambre des têtes les plus ardentes de l'une et l'autre oppositions. La dissolution fut fomentée dans la vue d'accomplir ce grand œuvre; et la septennalité ne se voit mise en scène qu'à l'effet de couvrir les manœuvres de coulisse.

* * *

De diverses manœuvres.

RIEN n'était plus facile que de déblayer le terrain de la discussion, de cette chute d'argumens lancés en petit nombre et avec si peu de force : mais il ne faut pas en induire que la solution soit bien avancée et qu'elle attouche à son terme. On se tromperait fort.

Les ministres l'ont bien senti; on leur rend cette justice. Ce ne sont point les raisons pour ou contre qui doivent l'emporter; la persuasion, la conviction n'ont que faire à s'adresser aux opinions ou aux consciences : autour de ces retraites presque inaccessibles de l'esprit et de l'âme, il s'élève une triple enceinte d'intérêts, de passions et de préventions qui donneraient trop de mal à forcer : l'habileté consiste plutôt à s'insinuer fur-tivement dans l'intérieur du camp, afin de les tromper, de les détourner, de les fourvoyer.

Seulement, comme un moins un équivaut à zéro, c'est absolument la même chose, ou qu'il y ait des argumens de part et d'autre, ou qu'il n'y en ait d'aucun côté; et l'on conçoit que le silence est plus agréable à tenir, car sous ses ombres, la partie devient tout-à-fait égale.

Quant aux brochures, il y avait peu à faire : est-ce que les Français savent lire? Pour le plus sûr, quelques précautions sont prises néanmoins; des places ou des traitemens, des promesses ou des menaces ont dû briser bien des plumes; et s'il s'en trouve une assez hardie pour enfreindre le ban, défenses sont faites aux crieurs de jour-naux de publier l'étrange nouvelle.

Mais cela n'est que misère; les journaux sont tout, puisqu'on ne lit qu'eux. Or donc, appro-chez, chers Messieurs; vous avez sans doute un prix fait; oui, hé bien, le voilà; partant quitte et chut.

Il en est un, dernier espoir de France : qu'on le tente, c'est en vain; jamais en un plomb vil, l'or pur ne s'est changé. Et cependant comme il se déco-lore! Serait-ce que sa verve s'est éteinte d'elle-même, ou faut-il croire que le feu dont il brillait doit jaillir, au premier jour, des cendres qui le recèlent ? Que ce soit demain, du moins ! plus tard , l'ère fatale peut s'ouvrir et rien ne servirait.

Et que va-t-il dire, ou plutôt que va-t-il penser, car sa bouche est souvent close, celui qui s'écriait à la tribune, en juillet 1821 : « Nous n'étions les uns pour les autres que des contemporains ; c'est par les journaux que nous sommes devenus des concitoyens. » Qu'il pleure donc, et qu'il pleure sans fin : il n'y a plus de concitoyens en France. Nous en sommes tous consolés, si bon gré, malgré, il y reste des honnêtes gens.

« Voilà que les trompettes sont enclouées : rien ne peut plus éventer les travaux souterrains : poussons vivement la sape, et bientôt les antiques créneaux, déjà ébranlés, vont s'écrouler à nos pieds. »

La séduction n'est pas praticable vis-à-vis les consciences proprement dites : mais quand elles ne sont plus aiguillonnées par l'élan de l'âge, ni ravivées par des crises nouvelles, peu à peu une sorte d'atonie est sujette à s'y manifester. Il faudra guetter le moment propice, leur tâter le pouls, si on peut parler ainsi. Trop habiles médecins, ils ne se trompent point dans le prognostic, et souvent quelque narcotique, quelque anodin, délivré à propos, a suffi pour déterminer une paralysie complète et incurable. Prions Dieu pour les trépassés.

Le plus fort est fait : tant de finesse et de délicatesse sont superflues à l'égard de ces habitudes, de ces penchans naturels, qui, de bonne foi, s'érigent au rang des consciences, et vis-à-vis les vanités, les prétentions qui tentent de se dissimuler, en marchant ou se traînant sous la même bannière.

Enfin, de quelque part que tombent, en quelque lieu que tombent des grades et des emplois, des cordons et des croix, des titres de pairs et de gentilshommes, la balle n'est jamais renvoyée au joueur, et va plutôt se nicher d'emblée au beau milieu du cœur.

Des scrupules ont paru retenir quelques instans à l'égard de la pairie : c'était rappeler 1819 en 1825 ; c'était presque voter la loi soi-même : dans ces procédés identiques, les malveillans verraient des motifs analogues. Que de craintes s'exhalaient ! mais aussi que de profit incombait ! L'hésitation ne dura pas.

On sait comment, dans ce champ prospère, sous ce climat des Hespérides, chaque germe qui est jeté, même au hasard, pousse aussitôt dix et vingt rejetons, tous de la plus belle venue. Il y a peu d'élus, sans doute ; mais combien se présenteront quand c'est la vanité qui fait l'appel ? Voyez déjà quel nombre de candidats se lèvent sur pied, afin d'atteindre à la députation, d'où il n'est, ce semble, qu'un saut à faire jusqu'à la pairie.

Mais c'est dans la Chambre que se fait merveille : que voulez-vous, Messeigneurs ? s'écrie-t-on de toutes parts ; parlez, parlez donc vite. A chaque scrutin, il n'est plus besoin de compter les boules ; une seule sert pour tous, blanche ou noire, suivant l'ordre : et de la tribune il n'émane, à travers quelques roucoulemens plus ou moins mélodieux, qu'un mot prononcé, qu'un son pur et franc : *Pair, pair.*

« On ne peut se figurer quel bonheur ce sera qu'une session finissant sans qu'il soit question d'élections nouvelles ; les députés, pleins des mêmes projets, se séparant pour se retrouver *Pairs.* » Il n'a été ajouté qu'une syllabe, et l'adage s'applique comme de charme.

De certains artifices.

« Royalistes, l'hydre révolutionnaire vient de perdre une de ses têtes en Espagne ; et vous avez vu comme quoi elle a été tranchée de notre main même : mais est-ce bien la dernière ? Nous l'avons dit d'abord, et maintenant nous en doutons : qui sait si cet odieux reptile ne traîne pas dans la fange de nos marais, quelque autre tête encore plus affamée, plus insatiable ? il nous semble le voir s'exhumer de l'abîme, s'avancer en hâte, se précipiter sur sa proie : la fuite est impossible, la défense insensée : vous périrez tous sous sa dent carnassière.

Mais fiez-vous à nous, livrez-vous pieds et poings liés, donnez-vous pour le terme de sept ans ; dès lors plus de risques, plus de craintes ; votre affaire devient la nôtre, et, comme vous jugez bien, la nôtre est tout pour nous. »

Triste et vaine espèce, ton esprit, tel qu'il soit, n'est à bien dire qu'un acte de mémoire. Placé comme en arrière, et faisant face aux jours qui ne sont plus, l'œil ne lit qu'au miroir du passé et les images tremblantes qui s'y réfléchissent, sont douées de porter le trouble dans tous les sens : frappée de terreur à leur aspect, l'imagination se persuade qu'elles reprennent l'être, qu'elles reviennent à la vie ; et malgré que la marche successive du temps en éloigne de plus en plus, donne chaque jour de l'avance, il semble être poursuivi, être pressé et bientôt saisi par le spectre ; si bien que courant à l'aveugle pour en éviter l'atteinte, on tombe dans le gouffre qui gisait inconnu devant soi.

Tout l'artifice est basé sur cette illusion trop commune ; et maintes et maintes personnes donneront dans le panneau, attendu qu'elles ne pensent que d'après ceux qui parlent, et que ceux qui parlent ne pensent qu'à eux-mêmes.

Que ne veut-on voir à ses pieds d'abord! un seul regard enfin libre montrerait comment la révolution, honteuse et harassée, ne peut désormais se relever et remonter sur le théâtre, que si la royauté, effarée ou fourvoyée, venait à s'esquiver, à fuir derrière les coulisses.

Cependant le topique tiré de notre histoire ancienne, est un moyen quelque peu usé, bon encore à jouer sur les tréteaux, et malséant à prôner dans les salons. Hé bien, il faudra évoquer ce fantôme de moins vieille date, qui ne laissa pas que de porter un juste effroi.

Aussi, allons-nous entendre dire : « Prenez garde, bonnes gens; ce n'est pas le ministère qui vous parle; au fond de l'âme, nous ne l'aimons pas trop : mais que faire? si nous le perdions, qui le remplacerait? Celui de septembre 1816; pas de doute là dessus, et jugez. »

Au souffle de ces paroles, la répugnance et l'aversion qui couvent sous les cendres encore fumantes, ne vont-elles pas se ranimer et jeter feu et flamme, au point d'éblouir les esprits, de les frapper d'aveuglement? Telle est l'espérance, du moins; et la corde était bien choisie, bien

jouée ; elle vibre au plus sensible, au plus pro-
fond des cœurs.

Mais la supposition, toute extravagante qu'elle
soit, serait encore plus insultante et pour le Trône
et pour les Chambres : elle est jugée par cela
même et accueillie avec mépris.

Nous ne sommes pas à la fin ; il reste des rebelles, des réfractaires ; ce qui duit à l'un mes-
sied pour l'autre ; il y en aura pour tout le monde.

« Vous n'aimez pas tel ministre, vous travaillez
contre lui ; et nous donc, nous pensons de même,
nous allions agir aussi. Pourtant il faut réfléchir :
le voilà renversé : qui prendre maintenant ? Quoi,
celui-ci, celui-là ; eh ! mon Dieu, vous n'y son-
gez pas ; point de talent, point de caractère ;
allons, c'était pour rire. Au fait ; il n'y a per-
sonne, vous le voyez : remettons la partie. »

Tâchons de nous entendre : il y a ministres et
ministres. Rien qu'à prononcer le mot, la bouche
tend à s'élargir ; il semble d'un grand homme,
d'un géant dans l'ordre moral : au fait, qu'en
est-il ? seraient-ce donc des Richelieu, des Ma-
zarin seulement, qui nous pleuvent du vent de
sud, qui nous sont poussés par les ouragans de
l'ouest ?

Disons-le en somme. S'agit-il des choses ? le
procès de 1816 est perdu sans retour, et celui
de 1823 est pendant devant la cour, en grand

risque, ce semble. Parle-t-on des hommes? de l'un! mille pieds de terre le recouvrent; de l'autre! fouillez le sol, il n'est pas stérile.

Du côté gauche.

Que c'est une difficile entreprise d'arracher l'homme aux ornières de la routine! tel besoin physique ou moral lui suscite une idée analogue : le besoin passe ou change; il semble que l'idée devrait s'évanouir en même temps; et cela n'arrive pas. Elle s'est au contraire invétérée par le laps de temps, et déjà surannée, persiste néanmoins tant qu'elle n'a pas été accomplie pleinement.

Le parti libéral a tant inspiré d'épouvante et de répugnance, que son ombre fait trembler encore; et l'alarme se met au camp, à voir nommer quelques députés de ce bord. On ne craint pas l'homme à part, pas dix hommes, pas même cent; dans la Chambre, il n'y a que la majorité qui soit douée du principe de vie; le reste est nul, est mort, n'est que néant. La majorité seule est donc en droit d'effrayer; et qu'on consulte les dernières élections, on verra que les neuf dixièmes des grands colléges, les trois quarts des petits, donnent irrévocablement des choix royalistes : sans peines ni soins, jamais la Chambre ne sera affligée que d'un cinquième ou d'un quart de libéraux.

Or, quelque pénible qu'il soit de le penser et de le dire, il faut reconnaître que l'alliage, dans cette proportion, est absolument nécessaire, au point que l'art devrait y intervenir, s'il ne s'introduisait pas naturellement. La contradiction, l'opposition sont inhérentes au caractère de l'homme : l'harmonie et l'union ne s'établissent de l'autre bord qu'en face de l'ennemi commun, toujours prêtes à disparaître après le moment du danger. S'il n'y avait plus de libéraux dans la Chambre, les royalistes se diviseraient aussitôt, d'autant plus irrités entre eux, qu'ayant combattu long-temps pour les mêmes doctrines, ils passeraient vite de l'étonnement à l'amer soupçon, aux reproches sanglans.

Et déjà on pourrait se plaindre que la faction s'y trouve trop faible en nombre, trop nulle en influence. Que n'a-t-elle gardé des rangs plus épais, car alors l'idée n'aurait jamais poussé au ministère d'élargir ainsi la sphère de son pouvoir, et de jeter dans les rangs fidèles, des brandons de discorde, au risque de compromettre son propre triomphe. Rien ne prouve mieux, pour le dire en passant, avec quel mépris il envisage les moyens de l'ennemi, et on s'émerveille d'autant plus, qu'il ose tenter à l'instant même de nous en épouvanter.

Poussons plus loin. Les ministres se rappellent peut-être du mouvement inopiné qui chassa leurs prédécesseurs et les jeta eux-mêmes dans le Conseil : le coup avortait, s'il n'avait pas été appuyé par l'aide du côté gauche ; on l'a vu et on a été surpris : c'est pourtant ce qui doit arriver encore en semblable occasion. Supposez un immense ventre, comme il doit s'en procréer toujours : l'extrême droite est mécontente du gouvernement ; et, que la raison soit ou ne soit pas de son bord, toujours est-il que la justice ne peut se faire par une autre voie : qu'arrivera-t-il ? on se fatigue enfin à crier, et de guerre las, on se retire si l'ennemi tarde à se rendre.

Mais le ciel a voulu, car tous les outils lui sont bons, que la gauche fût assez nombreuse, pour donner la majorité à la droite, en unissant ses votes aux siens : et, par la nature des choses, cette gauche qui est incapable de rien faire, aspire à faire, même sans profit, même contre son intérêt ; quelque abusive que soit l'illusion, il lui semble ainsi renaître et exister encore ; c'est au moins donner signe de vie, et fût-il le dernier, il n'en est peut-être que plus précieux. La bataille est ainsi gagnée, autrement elle était perdue.

Ces considérations peuvent s'étendre. Qu'il y

ait ou qu'il n'y ait pas une opposition de droite, l'opposition libérale n'en est pas moins utile. Son action s'opère à la façon des stimulans, des épispastiques ; il semble du moxa appliqué au cerveau, remède unique et spécifique contre la léthargie. Ces gens-là tapent dur et fort, beaucoup plus que les nôtres : nulle pudeur ne châtie leurs discours, nulle crainte et nulle influence n'entravent leurs esprits. Voyez plutôt quel tremblement, quel frissonnement est ressenti au banc ministériel, rien qu'à les voir et surtout à les entendre : de la Chambre au Conseil l'ébranlement se propage, se prolonge, de sorte à épargner bien des peccadilles d'omission et de commission, dont la conscience ne se serait pas même doutée.

Ce fameux côté gauche, qu'on ne croyait propre qu'à mal, et qui pis est, qu'on croyait encore capable de mal, est chargé en outre d'exercer sur le corps entier de l'Etat, la fonction spéciale d'exutoire. Dans une classe assez nombreuse, il existe des haines, des défiances, des répugnances même, et c'est de toute nécessité que le venin morbifique s'exhale et soit expulsé, sans quoi il se concentre, s'agglomère, s'enflamme et menace de se jeter enfin sur les parties nobles. Le côté gauche se prête merveilleusement à cette salutaire évacuation ; il sert comme d'organe pour l'écoulement des humeurs sociales. Le parti qu'il représente se sent plus calme, presque reposé, à entendre tonner de la tribune, ces violentes diatribes, ces insolens sarcasmes; il s'imagine parler lui-même, et l'usage libre de la parole amortit déjà, assouvit même les plus implacables affections.

On pourrait ajouter que les fureurs de maints libéraux tendent de plus en plus à ramener beaucoup d'individus que le hasard associa à leur bande et qu'ont repoussés trop souvent la hauteur et la sottise. On pourrait ajouter que d'aussi scandaleuses leçons imposent comme un rempart de décence et de modération aux orateurs royalistes, qui autrement n'auraient appris que par leurs propres excès, quelle est la limite convenable à garder, et n'y sauraient jamais puiser la force et la patience nécessaires pour la respecter.

Un seul mot de plus. Avez-vous peur d'eux, ils sont à craindre; n'en n'avez-vous pas peur, c'est à eux de trembler. Avez-vous peur, ils font du mal; sinon, ils ne feront que du bien.

Du devoir des Royalistes.

On l'a vu, rien n'est à craindre des libéraux; donc rien n'est à faire contre eux. Ce sont gens morts et trépassés qui ne valent pas même un *de profundis* : ils furent tués par la loi des élections; et pour peu que le ministère, se confinant dans sa sphère, daigne s'épargner le soin de semer la discorde parmi les royalistes, c'en est fait d'eux à jamais. Le spectre révolutionnaire dont s'effraient encore des yeux trop long-temps éblouis, ne peut plus apparaître à la lumière que dans les éclipses volontaires de la royauté.

Mais les ministres ne sont pas défunts; tout est à craindre d'eux, donc tout est à faire contre eux.

A ces mots, des scrupules vont surgir au cœur des vétérans du trône, des élèves de l'honneur. Ils ne voient pas que leurs scrupules mêmes offrent des armes à tourner contre eux, et que les projets ennemis n'ont été conçus que dans l'espoir de cette aide puissante : ils ne voient pas que du noble principe d'où s'élèvent ces scrupules, les conséquences, l'une après l'autre tirées, finiraient par exposer le trône au dernier des périls.

L'expérience en fut déjà faite; et naguère les consciences les plus timorées n'hésitaient pas à blâmer les mesures, à repousser les tentatives d'un ministère, qui pourtant était tout de même le ministère de notre Maître.

Les sentimens n'ont point à changer; mais les formes sont altérées, le système est modifié. Que la loi d'honneur des anciens temps persiste intacte et pure au fond des âmes, toujours prête à répondre à l'appel d'une crise imminente ; mais qu'elle ne dicte plus l'opinion, qu'elle n'entraîne plus la conduite, à cette époque de 1824, qui est séparée par l'éternité d'une révolution, de l'année 1789, à cette époque où son noble élan se porterait trop souvent à l'encontre des fins mêmes qui lui sont les plus chères.

Généreux êtres, c'est toujours à votre Roi que vous obéissez, jadis en vous soumettant à ses ministres, sans pénétrer au secret de leur intention, maintenant en vous opposant à eux, après vous être convaincus du danger de leurs combinaisons. Le Roi et son cabinet n'étaient qu'un ; à cette heure ils sont deux.

De là naissent pour vous des devoirs jusqu'alors inconnus. Cette Chambre d'où ressort le ministère, elle-même dérive et dépend de vos suffrages ; si vous renommez servilement ses candidats favoris, la Chambre lui tourne en propriété, de sorte qu'il devient libre, despote pour mieux dire ; et le trône ne supporte plus qu'un esclave.

Votre Roi en se désaisissant de ses droits, en balançant son pouvoir natif avec les pouvoirs créés, vous a imposé, dans cet ordre nouveau, l'obligation la plus sacrée ; si vous manquez à l'accomplir, l'ordre se tourne en désordre, le gouvernement représentatif n'est qu'une amère fiction, le Roi n'est plus Roi.

Autrefois, soldats soumis et dévoués, c'était assez d'un signe de votre chef pour vous oublier vous-mêmes et vous livrer corps et biens; maintenant vous êtes appelés au Conseil, vous êtes comme élevés au rang d'alliés de celui qui fut votre maître; et de même fidèles, vous l'éclairerez, vous le défendrez au risque même de déplaire.

Mais, dira-t-on, les ministres sont royalistes. Hélas! oui; et c'est cela même qui augmente leur force sans accroître leurs lumières; c'est cela même qui nous porte plus de dangers en atténuant nos moyens de résistance.

Ils sont royalistes! mais les illusions de l'esprit, les déceptions de la conscience sont-elles donc tellement de race libérale, que de l'autre bord, nul n'en puisse être atteint?

Ils sont royalistes! mais nous le sommes aussi, et nous sommes en nombre plus grand, et nous sommes à l'abri des souffles empestés de l'orgueil et de l'ambition, et nous sommes comme en dehors du tourbillon étourdissant où ils sont englobés.

De là faisant abstraction parfaite des personnes et ne partant que des positions respectives, nous devons voir mieux et ne pouvons vouloir pis.

Cependant tous les obstacles ne sont pas encore

abattus : on agit pour le Roi, on agit contre les ministres : et pas moins, le point délicat reste à résoudre.

Pourquoi est-il arrivé, qu'abusé par des espérances ou épouvanté par des craintes, un fort parti
de royalistes traîne ses étendards à côté de la bannière ministérielle et laisse se réfléchir les plus
vives couleurs sur ces teintes déjà pâlissantes et
bientôt effacées peut-être ?

Cela est; et que la peine en tombe à qui commit
la faute; cela est; et quoi qu'il en coûte, les conséquences doivent en être franchement saisies, franchement subies.

Le ministère en ordonna ainsi. Tout est changé,
et l'armée à combattre et le prix à remporter : dans
la mêlée nouvelle, on ne se lance qu'avec répugnance, et les cyprès de la douleur s'allieraient aux
palmes triomphales.

Naguère encore que d'ardeur, que de joies, au
moment d'entrer en lice! Les adversaires étaient
des ennemis de vieille date, de sorte hideuse : rien
qu'à lutter contre eux, ne laissait pas que de porter
quelque charme ; ils allaient donc se clore, les
temps de passive souffrance, et l'avenir devait s'ouvrir enfin sous d'équitables auspices.

Et voyez maintenant, voyez quel calamiteux
champ de bataille, où des rangs si long-temps unis

sont appelés à se rompre, à se défier, à s'assaillir, tournant les uns devers les autres, ces armes détachées du même faisceau! Peu s'en faut que la mémoire ne se rappelle l'arêne impie qu'arrosaient de leur sang, des bandes d'esclaves, pour le plaisir des maîtres du monde, infortunés à qui la victoire ne décernait que de nouveaux hasards, un jour ou l'autre couronnés par la mort.

Mais qu'il y a loin de ces misérables! Les royalistes ne marchent qu'à la sommation du devoir, ne combattent qu'à l'instigation du dévouement: quelle étoile les guide? la conscience; quelle cause défendent-ils? la monarchie. Et leur juge, leur allié plutôt, ce n'est autre que toi-même, grand Dieu, toi dont émane toute justice! Pleins de foi en son ancienne parole, et certains des aides du temps, ministre accoutumé des décrets d'en haut, fussent-ils vaincus, ils ne sont pas défaits.

Tandis qu'un succès chaudement disputé et péniblement enlevé, ne renvoie à leurs adversaires qu'épuisement et que terreur, eux seuls, ils se retrempent d'audace sous le coup même des revers, et appuyés qu'ils sont au sol de l'honneur, rentrent aussitôt dans leur force première, toujours envieux des périls tant qu'il en reste à braver, toujours dédaigneux du repos, sauf que ce soit le repos du triomphe.

Et non, ce ne sera pas de ces cœurs généreux où

ne meurt l'espérance, où se ravive la ferveur , qu'il s'échappera jamais, le lamentable cri, dernier cri des mornes gladiateurs, *morituri te salutant.*

FIN.

DE L'IMPRIMERIE D'A. EGRON.